JN410438

서정의 내부

예명이 시집

시인동네 시인선 013

예명이 시집

서정의 내부

시인동네

시인의 말

눈이 아팠다.

군데군데
의도적으로 흑백처리했다.

조리개를 갈아 끼웠다.

개체수가 불어난 것은
좀처럼 잡히지 않았다.

반사적이거나
반복적인 현상

빛이 조급하지 않은
서툰 초점,

눈을 비벼 뜬다.

2014년 여름
예명이

서정의 내부

시인의 말

차례

제1부

제2부

제3부

제4부

제1부

오늘의 만두

만두에 관해 말하고 있는 거예요. 그러니까 만두의 속에 관해. 삶아도 쪄도 구워도 속은 그대로인, 소스를 첨가하거나 첨가하지 않거나 하지만 이것은 무국적 반달,

움직여요. 사연이 움직여요.

분석하고 눈감고 이유를 버무려요. 사건이 빚어져요. 누르면 손가락 사이로 빠져나오는 사연들. 구름 속에서 달이 빠져나오듯 흐르는 구름과 구름, 습기를 빨아들이는 하얀 만두피(皮)피를 흘려요. 사건이 종료되지 않아요.

한입 크기의 어둠, 알맞은 크기와 온도로 제도화되는 것들.

오늘의 만두에 관해 이야기하고 있는 거예요. 그러니까 더러운 만두,

감춰지고 부풀려지는 진실과 거짓,

터질 듯 터지지 않는.

국경
—가자지구

찢어진 천처럼 펄럭이는 거리.
총알이 현재를 관통하면 구멍, 미래는 구멍 나 있겠죠.
구멍 나지 않은 구멍 보이나요.

널브러진 꽃들, 누가 총구멍을 분해했을까요. 아이가 탄피를
입으로 가져가요. 어린 손가락이 붉어요. 그녀는 꽃들을
둘둘 치워요.

폐허처럼 입 벌린 구멍으로 집이 걸려 있어요. 흉터 난 방이 서
랍처럼 삐져나와요. 그녀가 두 벌의 빨래를 걷어요.
아이를 빨래처럼 둘둘 업어요.
국경을 넘어야 해요. 방금 쓰러진 꽃이 눈을 찔러요.
찔린 눈이 동그래져요.
업힌 아이 뒤로 몇몇 꽃이 생포되고 있어요.
가자, 어디요.
국경은 꽃을 받아주나요.
국경은 뿌리가 깊다죠.
구멍은 구멍을 연결해요. 내일도 구멍 나 있겠죠.

>

구멍 난 꽃이 흉건히 박혔어요.

양들의 이데아

매해 매해 엎어져 자니 책은 언제 다 뜯어 먹었니
한눈팔지 마 줄에 감길지 몰라

네모난 입 네모난 눈 네모난

양이 양을 밀어내는 동안
양이 양에게 밀리는 동안

입이 마른다 목이 마른다 구멍이
커진다
양, 양, 양이 많아져 매해 매해 매해

쉬는 시간
무표정한 양들 우르르 공터를 향하고
우글우글 우글거리는 이데아
뿔을 키운다

오늘도 한 마리 양이 검은 뿔을 달고 달린다

내일도 두 마리 양이 검은 뿔을 달고 달린다
양을 양으로 보지 않는
양이 작아진다

양, 양, 양이 줄을 친친 감는다
양, 양, 양이 다른 양과 뿔을 부딪는다

사각의 벌판엔 피 흘린 뿔 수북하다
방어하고 고민하는 고만고만한 양

뜯어먹지 못하는 입으로
매해 매해 매해애

도마의 방식

그녀의 귀는 배관처럼 두껍다
육질이 강한 말을 다질 때면
1층부터 옥상까지 귀를 닫는다

지상의 권리 운운하는 그녀에게
지상을 자르는 남자
눈물은 수백의 칼이 된다

슬리퍼처럼 그녀가 질질 끌리는 날은
콘크리트 난간도 긴장한다

가난은 지층과 닮아 있다
지층은 지층을 복제한다는 것을 모르는 남자

서로 물어뜯은 흠집
다져지지 않는다

옥상이 두통에 시달릴 때는 귀가 말린 날

>

어느 주말 칼칼한 도마 소리
칼이 말을 토막 내는 소리

도마와 칼처럼
폭력이 리듬이 되는 방식

배관의 물은 흐리지만 넘치진 않는다

다만 귀를 닦거나 귀를 잘라야 한다

새

창문을 열고 새를 날리면
종이로 만든 새가 돌아왔다

파랑새를 안겨주자 그녀가 새파래졌다
마르는 침묵
미안하다는 말 날리기도 전에
예정된 그래프처럼 서류가 움직였다

추락한 지 오래된 주식
추락하는 것은 날개가 있었다
바닥이 계산되지 않는 건

벼랑에 죽은 새가 많기 때문일까

잠이 흐린 밤 꿈을 말면
종이로 말린 파랑새가 태어났다

찢어지는 새

>

검은 상주처럼 서 있는 그래프
젖은 빨래보다 무거운 고지서

그녀가 날아간 날 파산이 딸려왔다

밀린 잠이 신문지를 덮을 때마다
종이 새가 퍼덕거렸다

잉여가 잉여에게

엎어진 페이지
알알이 깨졌나요
기록을 위해 하류를 부각시켰나요
강의 기류처럼

찢어질 페이지 아니에요
오늘이 흐린 건 구름 탓은 아니죠
노을이 붉진 않겠죠
역풍을 역풍이라 하지 않는
현장을 고수했나요
고목처럼 투쟁했다면
꽃을 꽂고 항거했다면
검은 젖을 태웠나요

페이지를 넘겨요
지느러미가 날렵해요
처음부터 물살을 탄 거죠
육지가 생업은 아닌가요

나머지가 나머지면 나머진

흘러요 넓게
나의 내일은 기록된 연어와는 다를 겁니다
수압으로 회를 치면 은백색
노을처럼 몰리지 마요

비늘이 그늘은 아니죠
나머지 효과
나머지 페이지도 회귀본능은 없습니다
난 기록된 연어와는 다릅니다
죽음으로 죽지 않아요

입 없는 입

오렌지즙
잘 익은 얼굴

넘칠까요

오렌지의 안쪽
절여진 어둠은 봉해져 있죠

무릎으로 세운 무릎
십자가에 두 손 모았나요

보이나요 어슷어슷

칼이 들어와요
기도하는 손처럼
탁자를 접어요
눕혀진 탁자는 아파요

입술만 닿아도 녹아내릴 과육
달콤하게 검은

난 애초부터 입이 묶인 죄밖에 없어요
오래 묶인 입도 입이 생길까요

용서라는 미지수

갓 태어난 입
폭발하면

토성 같은 얼굴
연소될까요

바람꽃

밧줄에 매달린 남자
중심을 잃은 새처럼 휜다

그의 손이 외벽과 내벽에 닿자
공중의 틈이 황급히 달아난다

갈피에 숨겨둔 칼을 휘젓듯
그가 바람을 젓는다
주변의 벽들이 눈을 부릅뜬다

성실한 손은 틈을 메우는 습성이 있다

밧줄에 매달린 손끝으로
나비 무늬를 찍는 햇살
벽의 골격이 균형을 잡는다

고층빌딩처럼 쌓이는 위험
까마득하게 내린 위험수당

흔들리는 유리창으로
내년 가을 도착할 집이 투시된다

남자의 손이 바람의 아귀를 움켜쥐자
공중의 틈이 스르르 메워진다

창공의 꽃

초저녁이 희다

모순

엎드린 포구를 건져 껍질을 벗기면
광어처럼 광활할까
떠난 배는 바다 너머를 회유하고
정박한 배는 뭍을 회유하고
파랑을 비켜 파도를 비켜 어디?

여기저기 돛을 단 불빛
파라오 수염처럼 거침없다

포구를 발라낸 살점, 빛을 가미한
뭍도 바다도 아닌 것은 비리다

비린내를 포구에 걸쳐놓고
지인들과 나는 뒷고기로 배를 채운다

선홍색 살점을 익힌다
왜 뒷고기냐 물으니
뒤로 뺄 만큼 맛있어서

부위가 모호해 뒷고기라 한다
그럼 앞으로 빼면 앞고기?

포구에서 육고기를 굽는다

엎고 뒤집고 몇 점의 고기가 파도에 밀려
타버린다

전복되는 진실
포구를 위반하며 피 끓는

뒷고기와 불야성이 상추쌈으로
비린 지문이 파닥인다

급소

꽃이 진동해
하늬바람을 뽑아 쓰나봐
색깔론자들이 놀라겠어
색깔 있는 꽃들이 나열되고
주변이 아름다워

낙관(樂觀)해야 해
봄을 즐기는 방법으로 하늬를 던져봐

조심해야 해
너무 부풀면 바람에게 낚일지 몰라

용도에 맞게 뽑아 쓰면 돼
상상과 실바람을 섞으면 둥둥 뜨겠지
힘을 빼
경락을 받듯 색다를 거야

바람을 연결하는 혈자리

감을수록 뜨거운

저기 저 바람의 계단이 보이니
편서풍은 편파적
밀리면 바닥이지
꽃이, 꽃이 아닐 때
뒷덜미처럼 차가워

뒤를 가졌다면 당신부터 노릴 거야

불가능한 손

모든 손은
악수가 될 수 있나요

주먹으로 쥔 주먹
비집지 마요

노리나요 거래를

바위에 닿은 것은
악수입니까
비굴입니까

겨냥했나요
손가락이 미끄러져요

손금의 금
도굴되지 않습니다

집을 지키는 본능처럼
바람만 불어도 손끝이 연결돼요

손은
손으로 나뉘지 않습니다

소각장

문장이 그녀를 초대한다. 그들을 초대한다. 초대받은 자들이 초대장을 내민다. 내미는 것은 색깔일까, 구름일까.

붉은 얼굴들만 오라는지, 붉은색이 넘치려 해. 그녀는 노란 얼굴, 초대장에 어울리는 얼굴은 아니지. 그녀는 왜 초대에 응한 걸까. 앞면이 앞면을 바꾸지 못한 걸까. 문장을 버린 걸까.

붉은색은 모든 색을,

붉은 말이 쏟아진다. 오늘의 문장은 붉은색. 시간이 진다. 오늘의 문장을 어디에 기록할 거니. 장미처럼 친친 감긴 목이, 말들이, 색깔이,

종이가 타오른다.

소각장에 장미가 군락으로,

제2부

서정의 내부

막의 안쪽이 궁금해요. 막막함 같은 것.

동쪽보다는 북쪽이. 흙을 뒤집어요. 구덩이를 파야 해요. 구덩이로 자란 구멍 검을까요. 꺾일 듯 흔들리는 풀을 봐요. 감각이 깊잖아요. 난 막의 뒤쪽까지 따보고 싶어요. 푸른 것의 암실은 푸를까요. 어둠은 사라질 기호.

막 안에 막이 있어요. 가장 선명한 빛은 뒤쪽에. 획일적인 것은 뒤집혀야 해요. 곡선이 직선을 따라가듯 꽃이 터지듯, 어둠을 따는 별을 봐요. 반짝여요. 본질을 훑어요. 난 순정의 반대편을 따고 있어요. 거품이 넘칠 때 스윽 거둬내는 연정.

질기도록 파란, 도파민.

나무의 밤

새가 머물다 가는 건
나무의 수령을 세기 위해서다

밤을 펼칠 때마다 무성한 잎
스치는 바람에 뜨거워지는 계절도 무덥지 않다

밤은 나무들의 창문

가끔 신경이 밑동을 찌를 땐
별 하나 별 둘 별 셋……
새털 같은 고요에 낮이 남긴 火 삭제되고
희고 부드러운 수액이 밤의 창에 반짝인다

나무에게도 불면이 있다

수령을 세고 떠난 새가 돌아오지 않을 때마다
밤의 생장점 야광에 걸려들듯
불 켜진 발톱, 잠의 피층을 긁어댄다

>

둔치에 업힌 달처럼
잠을 눕히지만 밤의 창은 반짝이지 않는다

반짝이던 잎들이 하나둘 유성처럼 떨어지고

계절은 나무의 밤을 떠나고 있다

움직이는 원주율

동그란 동그랗지 않은

옷을 입기 위해 양팔을 벌린
너라는 둘레

두 팔을 벌리면 두 팔의 간격만큼 흐려진다
안팎이 모호한 사막처럼

네 얼굴은 어디로 사라지는 걸까
바람이 모래를 쓸어가듯
너의 둘레를 따라 빙빙 돌면
사라진 너의 얼굴 대신
내가 버린 팔들이 나오지

동그랗게 재는
몰입할수록 중심에서 밀려나

넌 먼발치일 때,

가득해

밤의 둘레가 흐린 밤

쓸려간 귀퉁이가 나라는 느낌
귀퉁이만 남고
네가 부서지는 느낌

네모난 기한

나를 보며 너를 본다
재료들을 살핀다
내용을 탓하는 사이 유통기한이 흘러간다

너를 수시로 꺼내 나를 충족하며

공복에는 어떤 재료가 채워질까 기대치 붉은
잠시 입맛 당기는 인스턴트처럼 퍼붓는 키스처럼
자극적인 달콤함
의도적인 매콤함

빈번이 쌓이는 재료
끼니가 되는 사이 허술해진다

유통기한이 남아 있는 것들
넣고 비우고 채우고

나를 보며 너를 본다

>

원산지 바뀐 감정처럼
배고픔을 빙자한 나를 너를

칸칸 분리되듯 혼합되어

가슴만 한 화두
배고픔에 합류하는 사이

유통기한이 가까워진다

박쥐에 대하여

그것을 찔러본다

그것이 단단하다

그것을 뜯어내면 그것의 다른 내부가 있을 것 같은

그것의 외면을 응용하고 싶어진다

단편적이고 불충분한 노동에 대해 생각한다
노동을 깨진 단어라 정의한다

깨진 것들을 응용하고 싶어진다

해를 작게 만들면 꽃처럼 흰해질까
아름다움은
응용하고 싶지 않은 단어

피카소를 응용하고 싶어진다

>

슬픔이 입 벌리는 날

박쥐를 응용하고 싶어진다
동굴을 캐는 손톱처럼

부수고 싶은 금기
응용하고 싶어진다

밝은 곳에서 찢어질 것들
찢어지지 않는 것들

너를,
응용한다

난 헌옷이다

철 지난 옷 정리하다가 지푸라기로 변해가는 흰나비를 보았다
아직 통통한 줄무늬 스커트 토라진 모자 단발머리 반바지
그들만의 숨이 거칠게 납작하게 빛을 내고
너덜너덜 실밥 깨진 곳은 어머니 시절엔 밥풀이었을
뿌리 뽑히면 아무것도 아닌
정리되고 싶지 않은 것들이 다투어 줄을 선
한때는 산소 먹고 별을 읽는 싱싱한 혈관을 자랑했다

찢기고 그늘진 날개
운동하고 채식하면 건강한 시계 울리겠지
심장 해치는 위험은 밟지 말아야 하지
난 흰나비
난 헌옷
침 튀면 발끈 기울어질
하지만 손질하면 입을 수 있는
주름 꼬이면 어떤가
자존심 아직 시퍼런데

시침질 박음질 다툼 서너 겹 준 나이
헌옷으로 입문했으면 당당해야 한다

양질의 탯줄 손가락 구분하지 않는 사랑
나는 원본이다

시간의 태를 입고 혈색 좋은
난 헌옷이다

염습원

뼈에도 음절이 있다 만져지는

음절들

지상의 門이 닫힌다는 것은
몸을 다 썼다는 것
연주가 끝났다는 것

불후의 명곡이
연주되듯
시신을 단상에 올려놓고 염습원과 주검이 리듬을 탄다

케이스에 넣기 위해
첼로를 닦듯

지상으로부터 배당받은 몸
검은 현을 타고 있다

마지막 악장 흰 천으로 채워지고

만발하는 연주

마지막으로 터지는 꽃처럼
성부(聲部)의 베이스처럼

영혼의 밀이 자라는 곳

몸 한 장 지워 입문(入聞)하는

사냥

그가 아침을 깨워놓고 환하게 잔다

오후가 되면 사냥을 간다
사냥을 하다 흘린 부스러기를
사람들은 노을이라 부른다

어제를 되풀이하지 않는 근성
그에겐 앞만 있다

지구 뒤편에서 사냥이 시작되는데
사냥법은 거침없다
가끔은 달과 별을 쓸어가기도 하고
갈퀴로 긁어모은 어둠을 자루에 담아
숙성시키기도 한다

간혹 별들의 주위가 어두운 것은
자루 속 어둠이 풀려나오기 때문

한 아이가 자루를 열고
별 하나를 찍어 입으로 가져간다

그가 아침을 깨워놓고 눈뜨고 잔다

외출

인디언 핑크색 가방을 산 뒤, 스카프가 배달되지 않아 여자는 외출을 미뤘다. 겨자색 가방이 겨자색 원피스와 겨자색 구두를 불러들였다. 하지만 차려입은 것은 슬픔뿐.

거울은 여자를 구기고도 멀쩡했다. 남자는 자주 여행 가방을 열고 들어갔다. 가방을 몰았지만, 빠져나갈 것은 문 없이도 가능했다. 여자는 비취색 파도가 되어 비취색 가방을 샀다. 가방이 쌓였다.

한때 여자의 몸도 탱탱한 가방이었다. 열 달 동안 그랬다. 여자의 엄마는 여자의 몸이 더 부풀까 걱정했다. 열 달이 지났지만, 여자는 가방을 열지 못했다.

남자가 바람을 담을 때마다 집은 북쪽을 수소문했다. 겨울을 쑤셔넣고 지퍼를 밀면, 두 계절 건너뛸 것 같았다. 하지만 부푼 가방처럼 남자는 바람을 챙겨 떠났다. 겨울을 찢자 검은 집이 쏟아졌다.

구경하는 집

옥상이 지상입니까? 지하 말고 없습니까? 지상은 포기하라는 붉은 지장, 붉은 결론은 미리 새긴 팻말인가요. 다시 몸을 말면 등이 무릎을 겁니다. 구경하는 집에 가볼까요. 여보,

창에 앉은 햇살 햅쌀인가요. 전등은 잎사귀가 붉은 은하수. 싱크대 붙박이장 옵션이라고요? 옵션에 밑동으로 가족을 박을까요. 방과 방을 포개 한숨 자도 되나요. 뼈로 등짐으로 무장하겠다는 그대. 지하의 신용은 풀어주지 않아요. 구경만 했네요. 벽과 벽. 젖은 꽃이 기다리는, 왜 지하엔 넝쿨이 없을까요. 팔다리 붙이면 열 개의 발목 펴질까요.

뒤꿈치가 갈라져요. 벽으로 계단으로 지하로 피가 나요.
느릿느릿 달팽이처럼 따라오는 당신, 새집 한 채 구겨넣었겠죠.

만찬

귀는 두 개의 입

안과 밖으로 밖과 안으로
굴리거나 음미하거나 뱉거나 씹어보거나

소리가 소리를 빚는다
바다가 파도를 빚는다

소리가 소리를 삼킨다
파도가 파도를 삼킨다

귀가 귀를 편다
네가 나를 편다

귀가 귀를 읽는다
네가 나를 읽는다

느낀 것이 궁금하다

들은 적 없는 것이 궁금하다

얼굴의 입
오른쪽
얼굴의 입
왼쪽

통하는 또는 막힌

배설 후의 충만
또는 만찬

나비, 발화점

행간이 벌어진 보도블록에 구두가 부러진 날, 안 죽을 만큼 아팠다는 그는
누구나 고통의 발화점은 있다 했다

말의 뼈들이 혈을 못 찾아 어지러울 때 바람은 꺾어져 불고 있었다
북쪽이 동쪽을 외면하듯 미간이 눈썹을 지나치듯

뼈와 뼈를 맞추듯 혈을 배열해도
허접했다
검붉은 혈을 죽지 않을 만큼 뽑아냈다

뽑아내는 동안
꽃 없는 꽃대처럼 잎맥이 잘린 잎처럼 흉흉한 말들이 귀를 다녀갔다

나비처럼 푸른 힘줄이 돋을 테니 턱없는 말에 귀 열지 말라
그가 웃신 웃었다

>

구조가 맞지 않는 뼈처럼 절단된 구두는 구도가 어긋난 파장
발화된 고통은 두 개의 방향

군데군데 남은 혈흔 투석하듯 새 피가 되는 동안 혈자리를 찌르는
벌침과 나비효과
시작(始作)

용도

속. 속속들이 알 수 있나요. 속이 투명하나요. 속은 어디로 투시됩니까. 속지는 없습니까. 속수무책. 속사포. 속을 각오로. 속은 파지 말아야 하는 건지. 속이 상한 건지. 속을 검색하고. 속을 찢어보고. 속속 느껴지는. 속속 드러나는.

빠졌습니까. 빠지게 만든 겁니까. 그늘이었나요. 그물이었나요. 눈물을 조절했나요. 눈물이 가능했나요. 입을 아끼는 동안. 입을 줄이는 동안. 이성이 궁색해지고. 이성이 조합되고. 피가 묽었나요. 피가 진부했나요. 고통을 덮은 겁니까. 고통을 즐긴 겁니까. 문장을 배신하듯. 문장을 허물듯. 사용 설명서 없이 사용한. 사용된.

사용한다는 것은 빼 쓰는 것. 빼 쓴 만큼 속 태우는 것.

당신은 사용 가능합니까.
파본은 아니지요.

제3부

족적(足跡)

나는 걸어가는 중. 너도 걸어가는 중이니. 나는 뛰어가는 중. 너도 뛰어가는 중이니. 두 계절이 넘어갔어. 우린 발을 맞추는 거니. 희고 보드라운 발.

명쾌하지 않아. 발이 엉키고 있는 거야. 우리의 계절은 멈춰선 거니. 계절보다 발이 늦어지고 있어.

굽어지나봐. 발도 벌레처럼 기어야 하나봐. 늘어지고 분산하면 재미있니. 간지러워. 벌레는 징그러워. 발을 모아야 해. 발목 나누지 않을 거야.

난 걸어가고 있어. 아니 뒤로 가는 중. 아직 기어오는 중이니. 흐릿흐릿. 어제 꿈엔 네가 과장되었어. 무중력의 발처럼 둥둥 날아.

짓밟는 것이 뭔지 아니. 기어가네. 걸어가네. 뛰어가네. 발끝이 흐리잖아. 방향이 다르잖아. 희고 보드라운 발.

폐기하는 거니. 걸어온 족족.

주파수

달콤함에는 뼈가 있지
뼈는 구름이 되고 바람이 되어 치솟지
외롭다고 살 비빌 돈이 필요하다고 말을 뒤집진 말아야 해

뒤바뀐 채널처럼
그러니까 주파수에 대해 말하고 있는 거야

물에는 물의 내부를 흔드는
말에는 말의 내부를 흔드는

어디까지였니 파장은 끝났니
난 정돈되었어

둥글게 간직한 말
첫 장이 될 사람을 위해 첫 번째 방에 보관 중이지
'첫'을 물고 있으면
혀의 능선에 꽃등이 켜질 거야
이젠 달콤한 오류쯤은 구분하지

‘첫’을 완성할 수 있는 거야

말 아닌 말 날뛰면
고주파
비틀 거야

도피

분첩을 닫아두듯 두 주째 잎을 말았다

안녕 오랜만
분이 분첩을 겉돈다

술잔과 다리 꼬는 꽃들이
악동뮤지션을 들으며 웃음을 꼬고 슬픔을 꼬고

이 저녁 분수대는 왜 졌는지 아무도 묻지 않는다

분수대와 저녁은
술잔 한 번 없던 사이처럼 건조하고
잔바람은 서쪽으로 목을 둔다

버티기 안주로 건배나 할까
고량주에 잎을 절여볼까
공백과 부딪는 사이

도수 높인 기억이 오류를 터뜨린다
꽃술에 불이 붙듯
오류 난 말꼬리를 받아 술잔이 담는다

벌게진 분내
해장되지 않는 가시

새벽을 건너
미안했다는 문자 꽃술을 연다
답문으로 줄기를 만다

도수 높인
시공

속지 몇 장 접질려 있다

장미와 바이올린

덜 자란 장미
처음 만난 악보
다른 악장처럼 곁에서 맴돌았지

넌 바이올린이 되고 싶은 장미
조금 더 발랄하게 열정적인 연주자처럼

한 번씩 잎을 말아 나의 바깥이 되는 것은 가중되는 너를 식히는 것
나의 바깥도 네겐 안쪽

연주자가 손끝을 말아 올리듯 공명이 선명해지기까지

배음(倍音)과 배음(背音)의 하모니

가끔 네가 가시를 내미는 것은
한 방울의 피를 원하는 것
장미의 심정으로

>

장미의 심장을 지나
태양으로

즉흥적 연주는 마구 뻗는 넝쿨손 같아
손끝의 진동은 정교해야 해

새벽을 말아올린 아침처럼
표정이 풍부한 아벤도니*처럼

붉고 싱싱한
태양의 곡을 완성하는 거야

---

* 자유롭게 제한 없이.

그럼에도 불구

얼굴이라는 지상
발목이라는 허공
오늘이 끌려간다

발목이 떠 있다는 것은
발과 뼈가 따로 있다는 것

넌 표정을 가처분한 것처럼
붙어 있을 것이 붙어 있지 않다
외부는 고요하지만
분화구는 안에서 얼굴을 든다

열띤 발목으로
지상과 허공을 절뚝인다

그런데 오늘은 달라
오늘 내내 달라 예상을 깰 것처럼
몫을 계산하지 않겠다는 듯

>

지겨움을 속인다
얇아진 것도 일시적으로
반격하듯 부푼다

사용하지 않는 뼈
발을 허용하지 않는다

하지만
걷는다

부정을 부정하며

비율

비와 창밖이 섞인다
박력분의 밀가루를 채에 거르는 앞치마
그녀가 창밖을 본다

비를 거르며 축축 흩어지는 빗방울
예열처럼 박력분의 비가 글루텐*을 계산한다

버터 바닐라 소금……
마지막으로 시나몬을 조절하며 그녀가 창밖을 본다

비가 반죽되고 있다
창밖은 질다

그녀는 크래퍼로 반죽을 자른다
오븐에 넣는다
기름종이가 먹어치울 잡내,
노릇노릇 은근한

비는 강력분과 맞는다는
글루텐처럼 지배하는 감정
비율이 뒤집힌다

강력분의 비가 치대지고 있다

창밖은 여전히 질다

쿠키, 끄집어낸다
어긋난

그녀가 쿠키를 밟는다

---

*밀 따위의 곡류에 들어 있는 회갈색의 끈적한 성질의 단백질.

바게트

속이 빠져나갈 때
빠져나간 것이 보이지 않을 때

우유가 곁들여진다

입술에 묻힌 웃음처럼 가벼운 너는
하루가 통으로 구워진다는 것을 모른다
아직도

잘 구워진 아침
언니들의 팔뚝처럼 나를 차려놓고
우유에 담그는 것은

밀도 있게 썬 웃음 구분하지 못하는 것

배고픔을 치우듯
나의 공복으로 배부르지 마

혀가 혀를 뜯어먹는 하루
할 일 없는 근육을
홈의 이빨처럼 닦달하는 동안
난 모서리가 두꺼워져

하나의 혀가 오븐에서 부푸는 혀를
기다리는 아침

바삭,
비밀이 눌어붙는다

속 빈, 탄력으로

만삭의 허공

그가 모빌과 유모차를 보냈다
배를 더듬자 허공이 만져진다
핏기 없는 꿈이 터덜터덜
터널 안으로 들어가 나오지 않는다

더블침대를 빼낸 후 방이 커진다
헛구역질처럼 아기 흉상이 피어날 때면
배를 훔쳐볼 것 같아 낮에도 창문을 닫는다

잠이 오지 않는 밤
흩어진 꿈을 모으면 그의 선물이 만져진다
아기 얼굴 같은 모빌
품 넓은 유모차

배가 달처럼 차오르고
태동 없이 아기가 움직인다

반복된다 진통이

터널처럼 흐리다 반복된다

달이 밝은 밤
허공에 손을 넣으면

노란 양수가 쏟아졌다

뒤끝의 태

나무 소스나 꽃 후추를 첨가하기도 했다
하지만 짜거나 싱겁거나 맵거나

처음엔 알맞게 끓여졌다
알맞게 끓여지는 것이 시들기 시작하자
신경을 그을리고 눈도 그을리고
닦아냈다 처음을 생각하며

신경을 맞추고 눈도 맞추고
맞추는 것이 무심해지자
어느 날 눈물까지 그을리고

끓는 동안 잘 끓을 것이라 생각했다

화초에 물을 주고 화분을 만져주고
끓고 있다는 것을 잊고 있었다

다른 것에 몰두한다는 것은

방심이거나 무심

지글지글 징글징글 바닥낼 것들
타올랐다
우그러진 냄비처럼

뒤끝의 태
길고 지독하다

꿈

날개가 되려는 꽃이었다

호수 위에서 흔들리는 봄밤이었다

너의 매력에 휘감긴 무엇,

너를 믿는 척하며 흐린

꽃잎 사이로 풀어지는 물감처럼
너를 흘리기 시작했다

봄의 목련을 미리 꺾었다

너는 자주 아득했다

너는 발기된 나비

근거 부실한 변명은

날개의 전략

너를 읽지 못했다

망각의 방식으로 몸을 자주 떨어뜨렸다

날개의
데칼코마니

꿈을 잇는 밤

접지 못할
접힐, 꽃잎의
꿈,

영상 밖

붉게 흐르는 실루엣
글의 줄기를 펼치는 The Hours*

그녀가 영상을 끌고 강으로 흐른다
쏟아낸 햇살에 멱감 듯
소속 없는 구도처럼 유유히

뻗치는 실루엣
그녀 안의 그녀를 풀어놓은

한 여자가 현실을 부정하고
한 여자가 성을 부정하고
전혀 다른 시공간을 교차하며
버릴 것을 던지는 내러티브

처음과 마지막을 점묘(點描)한
실루엣 어둡다
개입할 수 있는 것은 몰입뿐

영상 밖은 들이지 않는다

그녀가 집필한 실루엣
의도한 목숨을 살려 불안을 정리한다

나는 영상 밖의 여자
결함을 입은

피를 거스른 피 지혈되지 않길

글의 줄기 속으로 감기는 영상

흘러간 그녀와
흐르고 있는 그녀가 호환된다

---

* 마이클 커닝햄의 소설을 영화로 만든 〈디 아워스〉.

백장미

낯설고 아득해. 주검을 주검이라 하고 싶지 않아. 오동나무 관에 꽃을 묻은 거야.

거미원숭이 검은 고양이 벌새가 그려진 자화상, 오동나무 관에 어울릴 것 같아, 가시 목걸이의 프리다*를 불러냈지. 한때는 그녀도 나처럼 붉은 꽃이었지.

몇 번 부풀었던 양수와 쏟아낸 씨와 잉태하지 못한 기쁨을 위해 경배.

절뚝이지 않을 영혼, 프리다의 정원은 동물의 낙원.

그녀의 아이들이 뛰놀고 있어.

두 다리를 벌려 축복받은 산부인과에는 태아가 주기적으로 꽃피고 있지. 싱싱한 여자를 기원하는 곳에서 피를 긁어내는 여자여, 눈물을 빙자하지 마. 뿌리가 흔들리잖아.

배반이란 방언은 가시와 어울리지 않아. 이완될수록 슬픈 건 낯설음이야.

보이니. 오동나무 관에 탈색된, 한 송이 묘사.

하얗게 말라가지 않을.

* 멕시코 초현실주의 화가 프리다 칼로.

제4부

목이 긴 뼈

볕을 불리듯 우렸다는데 해감되지 않은 몸 꽃이 입 근처로 번지고 검은 지느러미가 생겨나자 어미의 어미는 멸치 똥 같은 가난을 말아 바다로 떠났다는데

젖이 궁한 나는 뱃속부터 질겨진 어금니로 벽지를 물어뜯었다 혼자 노는 멸치처럼 벽지를 헤엄쳤다 몸이 길어졌다 누런 벽지에 짝눈이라는 훈장을 숨기고 왼쪽이 왼쪽 눈을 위해 달을 오려 붙였다 멸치꼬리 같은 솜털이 자라기 시작했다

포구가 몸 푸는 날이면 양은냄비로 멸치 떼가 솟구쳤다 방파제를 깔고도 주인 찾지 못한 냄새는 쉽게 곯았지만 멸치 뼈에 닿은 뼈는 상하지 않았다 오려 붙인 달은 눈이 되었다

전복되지 않을 믿음, 어미는 밧줄도 그물도 없이 꿈을 출항했다 뱃머리가 납작할 때면 목이 긴 뼈가 솟구쳤다 멸치 떼를 끌고

밤의 후불

가보지 못한 밤을 활보한다
활보한다는 것은 벽 뒤로 사라진다는 것

거울의 완강함을 부수며
어안렌즈 볼륨브라
한 번도 쪼여보지 못한 거들
검은색 벨벳을 착용하면 왜 라인이 서는 걸까

예뻐진 내가 꽃술처럼 들뜬 밤을 들추러 간다
흐르는 거리 풍경처럼 떠 있는 사람들

무성한 통증
넘치거나 모자라거나 타오르거나
나선의 감각처럼 붉은

슬픔 따윈 광폭으로 질주하게 사라지게
무선의 길
무한의 언어

>

빌린 밤을 다 썼다

값은 “0”이라 한다

지불할게 나를

벽을

밤의 후불
—요리

야식으로 약식처럼 구워진 계란프라이
포크가 느리다

흰자와 노른자가 격정적인 포옹 후
밀어내는 아쉬움 같은 침샘을 자극하여
하나인 듯 아닌 듯 그 어떤,

나의 요리를 결론짓고 싶지 않다

밤은 여러 가지 레시피를 포용하니까

계란 그라탱 계란 치즈 말이
시침이 자정으로 흩어지기 전에 완성해볼까

페란 아드리아*기법을 빌리면 달라질까
잘 갖춘 재료에 산소 알갱이 첨가하듯
동시에 몇 가지 맛을 내는

눈금만 있는 미각은 계량스푼 같다
자정을 지나 시침이 두 번째
맛도 나도 흐려지기 전에
달의 날짜에 오늘 쓴 값을 기재한다

내일은 밤을 조금 더 사야 한다

재료에 첨가할 맛이 빚은 빛
혀의 혁명 같은 레시피

달이 꽉 찬 날, 지불하고 싶은

---

*분자 미식 요리로 알려진 스페인 요리사.

가면
—새

원형은 새
규율에 어긋나 인간으로 살고 있다

그런데 부리가 생기고
겨드랑이가 팽창하고

봄이면 더욱 그렇다
손발을 퍼덕이고
깃털을 머리핀처럼 꽂고

하지만 곧 인간으로

들끓는 모스부호
조합하고 붙여도

달이 차듯 봄이 만개하면
본능은 죽지를 캐내려 한다

선명한 날개
지운다
겨드랑이로 별을 배양하지 않는다

창이 열리면 돌아오지 않을
이곳은
인간으로 가면으로
가면으로 인간으로

어두울수록
가능한 것이 널려 있다

가면
—집

쉴 때는 벗겠죠
잘못 끼운 건 알겠죠

방이 방해된다고요
앉아도 누워도 짐스럽다고요

위반하고 위로하며
접었다 폈다

방을 접어 무기력을 발췌하면
얼굴과 접붙이면
접붙인 만큼 아플까요

당신,
아름답게 부양(浮揚)되면
집일까요

오늘밤은 밤이 밤다워요

별이 허물을 벗어
반짝반짝

당신,
어디부터 벗을래요

체인지

카드를 섞어볼까
고양이처럼 등을 만 여자와 7분의 놀이

등뼈가 펴진다 고양이가 고양이를 밀어
여러 마리 고양이가 배열된다
네모난 카드에 고양이와 고양이가 섞인다
과거와 현재와 미래가 납작하게 눌린다

고양이 앞에 고양이
과거의 고양이거나 죽은 고양이

수염을 세우듯 야생의 눈이 몰려온다
뒤섞인다

주문을 건다 활강하는 고양이
두 개의 눈과 하나의 꿈이 마주치는 방

여사제의 역방향

현혹되지 않는 현재

다듬어지지 않은 발톱들

오늘의 배후는 지금
어제 죽은 고양이는 어디로 갑니까

한 장의 카드를 뽑는다

과장된 미래이거나 납작한 과거
아니 현재

야옹, 야옹, 야옹
어드네스 체인지*

---

* 카드 체인지 마술.

몸속의 나비

몸속이 간지럽다

심장의 저쪽
심장을 통과하지 못하는 것들
보이는 것이 반이고
보이지 않는 것도 반이다

표출되지 않는
하루하루 쌓이는 열
치솟으면 미쳤다 빠졌다 하는 거다
배설해야 살듯
보여주지 않는 곳까지 흔들어줘야 하는 거다

그늘에서 햇살로 육탈하는
표고버섯의 몸이 뜨겁다
유충이 허물을 벗어 새로 찾는 날개처럼
웅크렸다 펴지는 피

내 몸에는

우화를 기다리는 몇 겹의 허물이 있다

재단사

변덕스런 기류 살피듯 바늘귀가 분주하다
난기류에 든 바늘과 구름
접히는 천

재단에 집중한다

추위를 밀어내느라 진이 빠진 봄은 직조가 단단한 옷
해의 부피가 커진 여름은 자외선이 차단된 통풍 들인 옷
뿌리를 식히느라 붉게 번진 가을은 갈색 느낌표 옷
허물을 벗겨내느라 수액이 마른 겨울은 유황 무늬 옷

바람은 유능한 재단사
공전 자전을 주시하듯
기후를 응용해 감각을 발동한다
바람의 집에는 철마다 재단될 천이 쌓여 있다
가끔 과부하 걸린 대기처럼 가위가 예민해질 땐
볕을 빌려 쉬기도 한다

시간의 치수를 재듯 지도를 편다
열대야 쪽을 날던 바늘귀
이상기온에 긴장한다

동쪽과 북쪽이 겹칠 때는 계절이 바뀌는 중

구름과 구름을 잇는
바람의 손

부르튼 힘줄
바늘귀가 푸르다

밤과 레몬

오늘을 걸으며 어제를 생각해요
어젯밤과 오늘밤이 이어져요
불빛은
레몬처럼 파래요

밤의 냄새가 따뜻해요
부푼 봄이 골목을 늘인 걸까요
골목이 커지고 있어요
늘어난 골목이 이어지면

봄의 밤

딸이 좋아하는 레몬처럼 걸어요
봄밤이 걸어요

암내 난 고양이일까요 울음을 말아 구석으로 옮겨요
파라솔 아래 엎어진 남자
레몬으로 떨어지는 꿈을 꿀까요

건너편 불 꺼진 좌판 둘둘 말린 검은 비닐
지나는 발처럼 무심을 무심히 보는데요

발등이 켜지듯
봄밤이 온도를 높이구요

빛이 뿌려져요

전단이 몸을 말아요
레몬처럼 굴러다녀요

무광색 얼굴들
우르르
레몬을 주워요

마그네틱

어두운 얼굴
습관으로 긁는 눈물처럼 지문처럼 물렁해지는 것들

바람이거나 구름 또는 죽은 새
부리 큰 새를 사 들고 기뻐하는 너를 보면 그저 웃고 말지
허공의 값을 지불할 때마다 슬픔에게 뜯긴 이빨 자국 같아
구름이나 바람으로 빈 곳을 채우면 슬픔은 금방 싫증을 낳지
저길 봐 긁어대는
검은 띠를 두른 구름
보이니 더 이상 분실되고 싶지 않은

너의 말동무에 대해 말해줄게
노란 부리는 다친 입을 만져줄 거야
해를 먹는 앵무새를 쪼개고 쪼개면
초과량의 슬픔 공제될 거야

검은 띠
애도하지 마

노란 부리는 지문을 인식해
동트듯 질긴

불가사히*

눈이 시려요
망막은 괜찮겠죠
증발한 것은 아니겠죠
동공에 뜬 별은 바다가 배경
검은 해안선을 따라
빛을 통제하듯
해안선이 긋는 사선
보이나요
풍랑을 기록한 항해일지
전복됐나요

제자리가 없다는 불가능
검은 불가사리
불가능한가요
눈이 검어지면
무사조차 무사하지 못하겠죠
망막은 보호돼야 해요
어둠이 범람할 때는

섬은 수압이 강한 렌즈
아가리 달린 창으로
썰물과 밀물 결합하듯
동공을 모아요
섬이 가라앉게

불가능은 불가사히 하지 않아요

---

* 윤이형의 단편소설 「검은 불가사리」 인용.

고도

—『고도를 기다리며』

전봇대를 보면 구부려보고 싶다

쭉쭉 뻗은 미루나무 쭉쭉 뻗은 전봇대
미루나무가 구름을 해체하면
무엇?

난 기다린다
무엇을 기다리느냐 그림자가 묻는다

뼈저리게 기다리다 뼈가 된
마디마디

닿지 않는다

자꾸 몸에 무엇이 붙은 것 같아
두리번거린다

두 눈을 사용하지 않는 기다림

다발성 뻗침
다발성 기대

앉아서 서서 기다린다
기다림의 뼈가 공기를 가른다

기다림을 낳은
기다림과 범벅된다

전봇대를 느티나무를 나를
뻗는다

아침이다

고도는 돌아오지 않는다

해설

고통의 방식展

— 비애롭게, 사소하게, 혹은 애처롭게

조동범(시인)

1.

우리의 삶은 고통 앞에 무방비하게 노출되어 있으며, 고통은 일상화된 채 도처에 널려 있다. 이와 같은 우리의 삶은 풍요로움과 안온함으로 위장되어 있지만, 그것의 본질은 부조리와 비극에 다름 아닌 것이다. 고통의 실체는 이처럼 일상화된 삶의 안온함으로 위장된 채 우리 앞에 다가온다. 우리를 둘러싼 세계는 사소함으로 가득한 일상이지만, 사소함으로 가득한 세계는 사소하지 않은 비애의 모습을 전면에 내세우고 삶의 본질을 드러낸다. 이처럼 우리가 살고 있는 세계는 고통으로 가득하며, 그 안에서 우리는 삶의 슬픈 풍경과 조우하게 되는 것이다. 예명이는 바로 이러한, 아무렇지도 않게 펼쳐진 일상적 고통의 세계를 바라보고, 파악하고, 드러내려고 한다. 그리하여 예명이의 시선에 포획된 사소함의 영역은 우리 삶의 비애와 상처의 풍경을 담담하게, 그러나 선명하게 보여주게 된다. 시인이 포착하는 시적 대상은 일상적인 삶의 양상 가운데에서 쉽게 포착할 수 있는 것들이지만, 삶의 본질적인 비극성을 전제로 한다는 점에서 그것은 결코 일반화된 세계 인식에 머물지 않는다.

> 만두에 관해 말하고 있는 거예요. 그러니까 만두의 속에 관해. 삶아도 쪄도 구워도 속은 그대로인, 소스를 첨가하거나 첨가하지 않거나 하지만 이것은 무국적 반달,
> 움직여요. 사연이 움직여요.
> 분석하고 눈감고 이유를 버무려요. 사건이 빚어져요. 누르면 손가락 사이로 빠져나오는 사연들. 구름 속에서 달이 빠져나오듯 흐르는 구름과 구름, 습기를 빨아들이는 하얀 만두피(皮) 피를 흘려요. 사건이 종료되지 않아요.
>
> 한입 크기의 어둠, 알맞은 크기와 온도로 제도화되는 것들.
>
> 오늘의 만두에 관해 이야기하고 있는 거예요. 그러니까 더러운 만두,
> 감춰지고 부풀려지는 진실과 거짓,
> 터질 듯 터지지 않는.

—「오늘의 만두」 전문

우리의 삶은 거대한 담론을 통해 표면화된다기보다는 사소함의 세계를 통해 자신의 전 존재를 드러내는 경우가 많다. 삶은 언제나 비루하며 사소한 것이며, 그 안에 자리한 시적 영토는 일상의 사소한 시적 대상물을 수용하려고 한다. 사소한 시적 대상물과 사건은 도처에 널려 있다. 시인은 이처럼 도처에 널려 있는 일상적 영역을 자신의 시 안으로 끌어들이려는 노력을 게을리하지 않는다. 그러나 시적 대상이 도처에 널려 있다고 해서 그러한 것들을 시의 자리로 초대하는 일이 결코 쉬운 것만은 아니다. 사소한 시적 대상물일수록 그러한 사소함을 시의 영역 안으로 편입시키기 어렵기 때문이다. 예명이는 이와 같은, 사소함의 세계를 시의 자리로 초대하는 데에 많은 관심을 기울인다.

「오늘의 만두」는 사소한 영역 안에 자리한 사물을 통해 확대된 세계의 지평을 열어 보인다. 시인은 시의 첫 구절에 "만두에 관해 말하고 있는" 거라고 밝히며 의식적으로 만두라는 사소한 세계를 소환한다. 그러나 만두라는 사소함은 "무국적 반달"이며 피를 흘리는 하나의 사건이다. 그리고 그 사건은 "종료되지 않"는 비애의 지속이며 고통이다. "오늘의 만두" 속에 숨겨진 이야기는 "감춰지고 부풀려지는", 거대한 "진실과 거짓"으로서의 사건이다. 시인은 "터질 듯 터지지 않는" 비극적 이야기를 만두를 통해 구체화한다. 만두는 하나의 거대한 세계이며, "한입 크기의 어둠"이며, "알맞은 크기와 온도로 제도화되는" 그 어떤 존재이다. 만두는 이처럼 아무것도 아닌 사물이 아니라, 특별하게 재조직된 하나의 세계이자 시인이 드러내려고 했던 세계 인식이다.

2.

앞서 예명이가 드러내고자 하는 세계가 고통으로 이루어져 있다고 밝힌 바 있다. 그것은 곧 세계와의 불화이자 불화 속에 남겨진 비극이다. 불화로서의 비극은 언제나 화해를 꿈꾸지만 우리의 삶을 둘러싼 세계 앞에 놓인 것은 화해가 아니다. 어쩌면 화해는 처음부터 불가능한 것인지도 모른다. 화해가 불가능한 것이 우리의 삶이고 우리의 세계인 것이다. 우리의 삶이 고통이며 비극인 이유도 바로 여기에 있다. 화해가 불가능함에 따라 그것은 영원히 복원되지 못하는 고통과 비극으로 남게 되는 것이다. 예명이 시인이 드러내고자 하는 세계는 이처럼 애초에 화해가 불가능한 지점으로서의 영역이다.

모든 손은
악수가 될 수 있나요

—「불가능한 손」 부분

"모든 손은" 화해와 결합으로서의 악수가 될 수 없다고 시인은 말한다. 악수할 수 없는 세계를 통해 시인은 화해할 수 없는 세계의 부조리한 측면을 드러내고자 하는 것이다. 우리가 살고 있는, 화해할 수 없는 세계의 진실은 무엇인가? 진실은 과연 존재하는가? 앞서 언급한 「오늘의 만두」에서 시인은 "진실과 거짓"에 대해 언급하고 있는데, 진실은 감춰지고 거짓이 종료되지 않는 것이 우리의 세계라고 시인은 말한다. 그렇기 때문에 세계의 모든 '사건'들은 종료되지 않는다. 이렇듯 종료되지 않는 사건 속에서 화해는 애초에 가능하지 않은 것인지도 모른다. 시인 역시 그러한 불가능한 화해를 파악하고 있기 때문에 "모든 손"이 "악수가 될 수 있"냐는 의문을 던지는 것이다. 또한 이러한 "진실과 거짓"에 대한 이야기는 「국경—가자지구」를 통해 구체화되기도 한다.

찢어진 천처럼 펄럭이는 거리.
총알이 현재를 관통하면 구멍, 미래는 구멍 나 있겠죠.
구멍 나지 않은 구멍 보이나요.

널브러진 꽃들, 누가 총구멍을 분해했을까요. 아이가 탄피를 입으로 가져가요. 어린 손가락이 붉어요. 그녀는 꽃들을 둘둘 치워요.

폐허처럼 입 벌린 구멍으로 집이 걸려 있어요. 흉터 난 방이 서랍처럼 삐져나와요. 그녀가 두 벌의 빨래를 걷어요.
아이를 빨래처럼 둘둘 업어요.
국경을 넘어야 해요. 방금 쓰러진 꽃이 눈을 찔러요.
찔린 눈이 동그래져요.
업힌 아이 뒤로 몇몇 꽃이 생포되고 있어요.
가자, 어디요.
국경은 꽃을 받아주나요.
국경은 뿌리가 깊다죠.
구멍은 구멍을 연결해요. 내일도 구멍 나 있겠죠.

구멍 난 꽃이 홍건히 박혔어요.

—「국경—가자지구」 전문

고통의 선명한 현재인 '가자지구'를 호명하며 시인은 실재하는 고통을 전면에 배치한다. 고통의 생생한 현장인 그곳은 "찢어진 천처럼 펄럭이는 거리"이며, "총알이 현재를 관통"하는 지점이다. 현재를 관통하는 총알처럼 폭력으로서의 비극적 삶의 국면은 고통을 동반한 채 우리 앞에 생생하게 모습을 드러낸다. 폭력 속에 존재하는 세계는 꽃조차 아름다울 수 없으며 집 역시 안온함의 감각을 제공하지 않는다. 그곳의 꽃은 "널브러진 꽃"이며, 안온함이어야 할 집 역시 "폐허처럼 입 벌린 구멍"처럼 걸려 있는 공간이다. '가자지구'에서 꽃은 더 이상 아름다움일 수 없을 뿐만 아니라 상처 그 자체가 되기도 한다. 때문에 "꽂이 눈을" 찌르기도 하고 "생포되고" 있기도 한다. 그리하여 꽃은 더 이상 아름다움이나 긍정의 세계를 환기하지 못하는 존재로 전락해버린다. 이러한 곳에서의 꽃은 필연적으로 꽃의 원래 기능과 의미를 잃어버릴 수밖에 없다. 이때의 꽃은 그래서 "구멍 난 꽃"이며 그것이 "홍건히" 박혀 있을 수밖에 없는 것이다.

쉬는 시간
무표정한 양들 우르르 공터를 향하고
우글우글 우글거리는 이데아
뿔을 키운다

오늘도 한 마리 양이 검은 뿔을 달고 달린다
내일도 두 마리 양이 검은 뿔을 달고 달린다
양을 양으로 보지 않는
양이 작아진다

양, 양, 양이 줄을 친친 감는다
양, 양, 양이 다른 양과 뿔을 부딪는다

사각의 벌판엔 피 흘린 뿔 수북하다
방어하고 고민하는 고만고만한 양

뜯어먹지 못하는 입으로
매해 매해 매해애

—「양들의 이데아」 부분

여기에 양이 있다. 양은 원래 초원에서 풀을 뜯는 이미지로 흔히 환기된다. 그러나 「양들의 이데아」라는 제목은 공포, 스릴러 영화 중 하나를 떠올리게 한다. 그리하여 어쩌면 그것은 때로 공포와 스릴러와 같은 세계일지도 모른다. 영화 〈양들의 침묵〉을 연상시키는 제목의 「양들의 이데아」는 무표정한 양들의 이야기를 통해, "검은 뿔을 달고" 달리는 비극적 정황을 보여준다. 이때 '양'은 곧 우리의 모습에 다름 아닌 존재이다. 그러한 공포와 스릴러로서의 세계 속에 살고 있는 양들과 같이 우리는 비극적 세계 안에서 공포를 느끼며 스릴러와 같은 삶을 살아간다. 이러한 폭력의 방식은 도마와 칼의 이야기로 발현되기도 한다.

어느 주말 칼칼한 도마 소리
칼이 말을 토막 내는 소리

도마와 칼처럼
폭력이 리듬이 되는 방식

—「도마의 방식」

도마는 폭력이 되고, 그럼으로써 "도마의 방식"은 곧 폭력이자 고통의 방식으로 읽힌다. "어느 주말"의 평범한 도마의 소리를 통해 시인이 떠올리는 것은 낯설게도 리듬이 되는 폭력이다. 폭력이 그것과 어울릴 수 없는 리듬이 될 때, 폭력은 얼마나 비애로운가. 폭력마저 리듬과 같이 받아들이게 될 때 우리의 삶에 더 이상의 희망은 없다. 칼과 도마의 리듬은 말을 토막 내고 우리의 삶과 세계 모두를 토막 낸다. 이처럼 우리 삶의 비극적 고통의 순간은 멀리 있는 것이 아니라 칼과 도마처럼 도처에 널려 있다.

3.

우리가 살고 있는 세계는 아름다움으로 위장되어 있다. 그러나 아름다움으로 위장된 세계의 이면은 비극과, 추악함과 고통이 도사리고 있다. 위장된 외부 세계는 명백하지만 그것이 우리 삶의 실체는 아니다. 실체는 언제나 내부에 존재하지만, 그것의 본질을 파악하는 것은 어려운 일이다. 세계의 본질을 파악하기 위해 "막의 안쪽을 궁금해"하지만 그것은 언제나 "막막함 같은 것"이기 때문에 내부를 파악한다는 것은 결코 쉬운 일이 아니다. 시인은 "막의 안쪽이 궁금"하다며, 세계의 본질에 호기심을 드러낸다.

막의 안쪽이 궁금해요. 막막함 같은 것.

동쪽보다는 북쪽이. 흙을 뒤집어요. 구덩이를 파야 해요. 구덩이로 자란 구멍 검을까요. 꺾일 듯 흔들리는 풀을 봐요. 감각이 깊잖아요. 난 막의 뒤쪽까지 따보고 싶어요. 푸른 것의 암실은 푸를까요. 어둠은 사라질 기호.

막 안에 막이 있어요. 가장 선명한 빛은 뒤쪽에. 획일적인 것은 뒤집혀야 해요. 곡선이 직선을 따라가듯 꽃이 터지듯, 어둠을 따는 별을 봐요. 반짝여요. 본질을 훑어요. 난 순정의 반대편을 따고 있어요. 거품이 넘칠 때 스윽 거둬내는 연정.

질기도록 파란, 도파민.

—「서정의 내부」 전문

불가능한 화해로 인해 막의 안쪽은 알 수 없다. 따라서 막의 안쪽은 언제나 궁금함의 대상이며 도달하고 싶은 지점이다. 그러나 그곳은 언제나 "막막함 같은 곳"으로 존재하기 때문에 궁금함의 실체를 파악하는 것은 쉽지 않다. 시인은 "막의 뒤쪽까지 따보고 싶"지만 "막 안에" 존재하는 것은 또 다른 막일 뿐이다. 표면적으로 드러난 비극 너머는 분명 시인이 추구하는, 긍정의 지점일 테지만 그곳에 이르기까지의 여정은 험난하다. 막의 이면에 존재하는 것은 "가장 선명한 빛"이고, "어둠을 따는 별"은 반짝이며, 그것이 바로 "본질"이다. 또한 시인은 "획일적인 것은 뒤집혀야" 한다고 말한다. 하지만 이 모든 것은 쉽지 않은 가능성과 소망의 단계일 뿐이다. 그것은 불가능한 화해이며, 단절된 세계 앞의 좌절이다. 그리고 이와 같은 불가능한 화해의 세계는 '나무'라는 존재조차 부정의 영역으로 안내하기에 이른다.

가끔 신경이 밑동을 찌를 땐
별 하나 별 둘 별 셋……
새털 같은 고요에 낮이 남긴 火 삭제되고
희고 부드러운 수액이 밤의 창에 반짝인다

나무에게도 불면이 있다

수령을 세고 떠난 새가 돌아오지 않을 때마다
밤의 생장점 야광에 걸려들듯
불 켜진 발톱, 잠의 피층을 긁어댄다

—「나무의 밤」 부분

행간이 벌어진 보도블록에 구두가 부러진 날, 안 죽을 만큼 아팠다는 그는
누구나 고통의 발화점은 있다 했다

—「나비, 발화점」 부분

시인은 "나무에게도 불면이 있다"고 밝힘으로써, 불면과 같은 비극이 존재하지 않을 것만 같은 나무의 비극적 삶의 여정을 보여준다. 나무에게 남겨진 시간은 얼마나 되는가? "나무의 밤"은 어쩌면 본능적으로 얼마 남지 않은 삶을 감지하고 있는지도 모른다. 그리하여 "수령을 세고 떠난 새가 돌아오지 않을 때마다" 나무는 "밤의 생장점"이 "야광에 걸려들듯", "불 켜진 발톱"을 세우고 "잠의 피층을 긁어"대는 것이다. 이처럼 시인이 인식하는 모든 세계는 비극적 국면으로서의 그것이다. 그리하여 시인은 "안 죽을 만큼 아팠다"는 고백을 하기에 이른다. 고통은 누구에게나 존재하는 것이지만, 누구에게나 존재한다고 해서 그것이 지니는 아픔의 강도까지 약한 것은 결코 아니다. 그리하여 시인은 "누구나 고통의 발화점은 있다"고 말함과 동시에 그것이 "안 죽을 만큼" 아픈, 감내하기 힘든 것이라고 말한다.

바로 이러한 고통 속에 예명이 시의 자리는 놓인다. 예명이의 시는 평범한 시적 대상을 이와 같은 고통 속에 배치하는데, 이것은 삶의 고통이 우리 삶의 일상으로부터 비롯된다는 인식에서 그의 시가 출발하기 때문이다. 그는 고통조차 일상화된 삶과 세계를 파악함으로써 고통의 진짜 모습을 드러내고자 한다. 그러나 시인은 때로 고통이나 죽음을 부정하고 싶기도 하다. 그리고 그것의 고통을 애써 잊음으로써 고통으로부터 놓여나가기를 강하게 희망하기도 한다. 그런데 이러한 고통으로서의 삶이 끝날 때, 그 앞에 등장하는 것은 죽음이며 모든 세계에 대한 종언일 것이다. 그리하여 시인은 우리 삶의 종언에 대해 다음과 같이 밝힌다.

지상의 門이 닫힌다는 것은
몸을 다 썼다는 것
연주가 끝났다는 것

불후의 명곡이
연주되듯
시신을 단상에 올려놓고 염습원과 주검이 리듬을 탄다

케이스에 넣기 위해
첼로를 닦듯

지상으로부터 배당받은 몸
검은 현을 타고 있다

마지막 악장 흰 천으로 채워지고

만발하는 연주

마지막으로 터지는 꽃처럼

성부(聲部)의 베이스처럼

영혼의 밀이 자라는 곳

몸 한 장 지워 입문(入聞)하는

—「염습원」 부분

죽음은 "지상의 門"이 닫히는 것이고, 몸의 연주가 모두 끝난 것이다. 그러나 어쩌면 죽음은 끝이 아닌, 새로운 지점으로 나아가기 위한 출발일 수도 있다. 모든 것이 소멸에 이를 때 우리는 새로운 지점으로 나아가기 위한 강렬한 국면과 조우하게 된다. 소멸이야말로 가장 강력한 시작의 단초가 될 수 있을 것이다. 모든 것이 무화되었을 때, 그 빈 곳으로부터 하나의 세계가 생성되고 충만할 수 있기 때문이다. 그리하여 예명이 시인은 "몸 한 장 지워지는" 순간을 "입문(入聞)"의 지점이라고 말하는 것이다. 어떤 사실의 세계로 진입하는 "입문(入聞)"은 그래서 새로운 세계의 사실을 보여주며, 그 세계의 진실을 파악할 수 있도록 한다.

이 도서의 국립중앙도서관 출판시도서목록(CIP)은 서지정보유통지원시스템 홈페이지(http://seoji.nl.go.kr)와 국가자료공동목록시스템(http://www.nl.go.kr/kolisnet)에서 이용하실 수 있습니다. (CIP제어번호: CIP2014014723)

시인동네 시인선 013

서정의 내부

초판 1쇄 인쇄 2014년 6월 9일
초판 1쇄 발행 2014년 6월 16일

지은이 예명이
펴낸이 김석봉
책임편집 이현호
디자인 조동욱
펴낸곳 문학의전당
출판등록 제311-2012-000043호
주소 서울시 은평구 연서로11길 7-5 401호
편집실 서울시 마포구 마포대로 127, 413호(공덕동, 풍림VIP빌딩)
전화 02-852-1977
팩스 02-852-1978
블로그 http://blog.naver.com/mhjd2003
전자우편 sbpoem@naver.com

ISBN 978-89-98096-79-3 03810

* 잘못 만들어진 책은 바꿔드립니다.
* 이 책은 2013년도 시흥시 문화예술발전지원금으로 제작되었습니다.